LE JUIF RUSSE [1]

1. Les Juifs russes méritent un intérêt particulier parce qu'ils forment, après les paysans, la catégorie la plus nombreuse des sujets russes révoltés contre le tsarisme, et parce que le tsarisme les a maltraités plus abondamment encore que les paysans. Les Juifs russes, au nombre de 5.200.000, représentent 4,13 p. 100 de la population russe totale, et habitent un territoire de près du double de la France, à peu près 100 millions d'hectares. Comme Français, nous devons nous y intéresser plus spécialement : d'abord parce que tous les abus qui déshonorent et affaiblissent la Russie portent atteinte à notre situation internationale ; et aussi parce que le premier massacre de Juifs, le pogrome qui a servi de précédent et de modèle à tous les autres, a eu lieu à cause de nous. Il a eu lieu en 1871, à Odessa, parce que le gouverneur de cette ville, un général de race allemande nommé Kotzebue, furieux des sympathies que les Juifs affichaient pour la France, les fit massacrer par la foule. Il est vrai qu'à la même époque le gouvernement français massacrait les Parisiens à propos de la Commune.

I. Première Persécution.

2. Les Juifs, qu'on traite en étrangers et en ennemis dans l'empire russe, y habitent depuis beaucoup plus longtemps que la famille Romanoff. Dès le III° siècle avant J.-C., des communautés juives fleurissent dans les colonies grecques de Crimée, où les tsars ne règnent pas encore depuis deux siècles. Et, du VII° au X° siècle, les Juifs, sous le nom de Khozars, forment un État entre la Volga et le Don. Les plus anciennes chroniques mentionnent aussi des Juifs à Kiev.

3. Les Juifs se sentaient même chez eux à ce point qu'à la fin du moyen âge ils travaillaient à convertir les chrétiens. Ce prosélytisme attira sur eux l'attention, et les princes chrétiens se mirent à les persé-

---

(1) *Bibliographie.* LÉON ERRERA, *Les Juifs Russes*, Bruxelles, 1896. — E. EBERLIN, *Juifs Russes*, Paris, *Cahiers de la Quinzaine*, déc. 1904. — H. DAGAN, *Les Massacres de Kichineff*, Paris, *Cahiers de la Quinzaine*, oct. 1903 — V. BÉRARD, *L'Empire Russe et le Tsarisme*, Paris 1905, *passim*. — SARA RATINOWITSCH, *Die organisationen des Judischen Proletariats in Russlands*, Karlsruhe, 1903. — ISIDORE SINGER, *Russia at the bar of the American people*, Londres, 1904. — Dr ALFRED NOSSIG, *Die Bilanz des Zionismus*, Bâle, 1903. — *Pages Libres*, n°s 124, 157. — *La Tribune Russe*, n°s 7, 8, 10, 11, 20, 21, 22, 23, 24, 25. — *L'Européen*, *passim*, et n°s 3, 55, 82, 91, 104, 170, 184, 103, 203.

cuter au xve siècle. Ivan le Terrible fit le premier pogrome quand, en 1563, il prit la ville de Polotsk en Lithuanie : il obligea les habitants Juifs à se convertir, et, sur leur refus, les fit tous noyer au nombre de plusieurs milliers, d'après le procédé employé en 1903 contre les Chinois de Mandchourie. Jusque-là, les Juifs n'avaient pas eu trop à se plaindre. Un évêque de Novgorod, nommé Gennadii, avait pris le titre d'inquisiteur de la foi pour les empêcher de convertir les courtisans d'Ivan III ; son successeur, l'archevêque Iosif, avait réuni, en 1504, un concile qui fit brûler trois Juifs ; mais le moine Nil Sorski et les solitaires du lac Blanc avaient protesté ; le clergé s'était divisé en deux parties : les *Iosifianes* ou partisans de la rigueur, et les *Nilianes* ou partisans de la tolérance ; cette division avait profité aux Juifs, et, dans tous les cas, ils n'avaient eu à subir que des répressions individuelles et intermittentes. Mais, à partir du pogrome de 1563, on prit l'habitude de les persécuter, massacrer, expulser en masses ; et les évêques ou moines partisans de la tolérance ne se firent plus entendre ou du moins écouter, parce que, à la même époque, les Jésuites entrèrent en relations avec la Moscovie. Le Père Antonio Possevino, l'un des Jésuites les plus subtils du xvie siècle, vint à la cour d'Ivant le Terrible pour régler ses différends avec la Pologne ; les tsars eurent des rapports fréquents avec Rome, et, par là, s'initièrent à la civilisation des peuples qui avaient imaginé l'Inquisition pour exterminer les Juifs. Le successeur d'Ivan le Terrible se distingua par un massacre de 300.000 Juifs en Pologne.

4. Au milieu du xviie siècle, le second Romanof, Alexis, décréta la peine de mort contre les Juifs qui convertiraient des chrétiens ou même qui auraient des chrétiens à leur service. Un siècle après, l'impératrice Catherine fit une ordonnance pour l'expulsion des « galeux Juifs » de la Petite-Russie. L'impératrice Anne fit exécuter cette mesure en 1740. Après elle, en 1742, l'impératrice Elisabeth fit expulser tous les Juifs de la Russie, « parce que, disait-elle, je ne veux tirer aucun profit des ennemis du Christ ». La grande Catherine, malgré sa philosophie, ne les traita pas mieux. Elle fit des proclamations pour attirer les étrangers dans l'empire, mais en exclut les Juifs. Elle inventa même la mesure qui, depuis le xixe siècle, a causé le plus de tort aux Juifs. Quand une partie de la Pologne devint russe, Catherine n'osa pas en chasser les centaines de mille Juifs qui l'habitaient, mais elle leur fit défense d'en sortir, et constitua ainsi le territoire juif dont on parlera plus loin.

5. En 1804, parut un recueil de toutes les « lois sur les Juifs » édictées par les empereurs précédents. Et pendant tout le xixe siècle on leur appliqua ces lois imaginées par des tsars conquérants et barbares. Tantôt on a restreint, tantôt on a augmenté leurs facilités de circulation. Ils ont eu plus de tranquillité sous le règne d'Alexandre II, le tsar libéral qui abolit le servage. Mais à sa mort ils sont entrés dans la période des persécutions systématiques, qui dure toujours.

II. Les lois de mai 1882.

6. Alexandre II mourut d'une bombe en 1881. Dès lors, le précepteur de son successeur, M. Pobiedonostseff, a dirigé la politique russe à l'intérieur. Il a fait prévaloir son fanatisme religieux, et il a eu pour auxiliaires, du moins à l'origine, tous les Russes que le libéralisme d'Alexandre avait gênés. Mais comme le peuple russe en masse approuvait ce libéralisme, en profitait, et n'aurait pas compris une politique de réaction brutale, il parut nécessaire d'inaugurer cette réaction par des mesures qui n'intéresseraient pas directement les Russes. On entreprit donc la russification de tous les éléments étrangers de l'empire (provinces baltiques, Finlande, Pologne, etc...).

Et contre les Juifs on entreprit une campagne d'antisémitisme d'autant plus avantageuse qu'elle servait de dérivatif aux mécontentements provoqués par l'abandon des réformes.

7. On s'arrangea donc pour compromettre les Juifs dans l'explosion qui avait tué Alexandre II. On découvrit que des Juifs avaient pris part au complot ; on fit une campagne de presse ; et en décembre les troubles commencèrent.

27 décembre	Varsovie	troubles, pillage ;
10 janvier	Radomysl	pillage ;
18 —	Winnica	pillage d'un cabaret ;
23 mars	Saint-Pétersbourg	fermeture des pharmacies juives ;
mars	Kief	expulsions ;
—	Moscou	—
—	Odessa	—
2 et 3 avril	Mordarovka	désordres ;
—	Walegozoulof	pillage, incendies ;
6 avril	Kherson	incendies ;
15 —	Latitcheos	pillage ;
10 au 12 avril	Balta	massacres, incendies, 40 tués, 220 blessés, viols ;
avril, Pâques	Varsovie	désordres graves, pillage, blessures ;
—	Beresnegovatié	désordres ;
—	Buchte	
—	Doubasson	—
—	Doubossary	6 blessés, 1 mort ;
—	Nowa Praga	désordres ;
—	Kiedanof	
—	Smolensk	troubles et pillage ;
—	Tchasknick	—
—	Vissiounsk	
—	Latystchef	
—	Miendzyboge	

avril, Pâques....   Karpovitch ....   troubles et pillage ;
—   ....   Abazovka..........   désordres, 1 Juif tué :
—   ....   Mohilef Podolsk...   incendie ;
—   ...   Kitaygrod ....   —
—   ...   Karpocomy . .'....   pillage ;

8. Alors, le fameux général Ignatieff fait publier les lois de mai 1882 :

1. A titre de mesure temporaire et jusqu'à la revision générale des lois qui règlent la situation des Israélites, défense est faite aux Israélites de s'établir à l'avenir en dehors des villes et des bourgades. Exception est faite en faveur des colonies israélites déjà existantes, où les Israélites s'occupent d'agriculture ;

2. Jusqu'à nouvel ordre, il ne sera pas donné suite aux contrats faits au nom d'un Israélite et qui auraient pour objet l'achat d'hypothèques ou la location d'immeubles ruraux situés en dehors des villes et des bourgades ; est nul également le mandat donné à un Israélite d'administrer des biens de la nature ci-dessus ou d'en disposer ;

3. Défense est faite aux Israélites de se livrer au commerce les dimanches et jours fériés de la religion chrétienne ; les lois qui obligent les chrétiens à fermer leur maison de commerce pendant ces jours-là seront applicables aux maisons de commerce des Israélites ;

4. Les mesures ci-dessus ne sont applicables qu'aux gouvernements qui se trouvent dans l'étendue du territoire juif.

9. Les lois de mai ne devaient fonctionner que provisoirement et dans le seul territoire juif. En pratique, elles ont fonctionné jusqu'en Pologne, et jusqu'à maintenant. En 1883, une Commission impériale étudia la situation des Juifs, en vue de proposer à l'empereur une législation définitive. Le président, prince Demidoff San Donato, déclara : « Il n'y a qu'un remède à la situation, c'est le régime d'égalité pour les Juifs, l'abolition des lois d'exception, la bienveillance inscrite dans la loi et qui, de la loi, passera dans les mœurs. » Mais M. Pobiedonostseff se fâcha au nom du Saint-Synode. Il dit : « Un tiers des Juifs se convertira, un tiers émigrera, le reste mourra de faim. » Et grâce à lui, les lois de mai restèrent en vigueur.

10. Les lois de mai eurent pour résultat immédiat une recrudescence des massacres. En mai et juin, les Juifs quittèrent la Russie par milliers. L'Autriche en reçut jusqu'à 24.000 à la fois. Les États-Unis en reçurent aussi un grand nombre.

11. On ne peut pas donner de ces lois un commentaire spécial. Elles ont simplement aggravé le régime d'exception qui pesait sur les Juifs depuis plus d'un siècle. Ce régime lui-même s'est aggravé depuis 1882. Mais avant comme après 1882, les procédés d'oppression employés contre les Juifs ont consisté dans plusieurs restrictions, limitations, interdictions exorbitantes du droit commun. Il faut les exposer séparément.

III. Restrictions au droit de séjour et de circulation.

12. Les Juifs, soumis à plus d'obligations et de charges que les autres sujets russes, n'ont pas le droit d'habiter et de circuler librement dans l'Empire. Quand Catherine prit la Pologne, elle daigna consentir à y laisser vivre les Juifs, mais elle leur interdit d'en sortir par des décrets de 1786, 1791, 1794, Le territoire hors duquel ils ne pouvaient pas aller s'appela le *Pale* ou le *Territoire* et forma, à l'ouest de la Russie, un immense ghetto. Au xix⁰ siècle, les tsars ont successivement resserré ce ghetto, sans égard pour l'accroissement rapide de la population juive. En 1825, on leur interdit le gouvernement d'Astrakhan et le Caucase. En 1827, on les expulse de Kief, centre industriel et commercial de la Petite-Russie. En 1829, on les expulse de Nicolaïef et de Sébastopol en Crimée. En 1835, on leur ferme la Courlande. En 1843, on les chasse d'une zone de 50 kilomètres établie tout le long des frontières prussienne et autrichienne.

En résumé, le territoire juif englobe 25 gouvernements occidentaux situés dans les provinces baltiques, en Pologne, Lithuanie, Russie Blanche, Petite-Russie et Nouvelle-Russie.

13. Non seulement les tsars ont sans cesse rétréci le territoire hors duquel les Juifs ne peuvent pas vivre, mais dans les limites de ce territoire on les a comprimés. La loi du 3 mai 1882 leur a défendu d'habiter hors des villes et des bourgs; la loi du 29 décembre 1887 leur a défendu d'émigrer d'un bourg dans un autre; et, depuis 1892, les autorités ont arbitrairement qualifié *villages* des localités jusque-là qualifiées *bourgs*, ce qui leur a permis d'en expulser les Juifs.

14. Par exemple, le 8 mai 1887, les arrondissements de Taganrog et Rostof sont détachés du gouvernement d'Ekaterinoslav, qui fait partie du territoire, et annexés à la province des cosaques du Don, interdite aux Juifs; en conséquence, sur 90,000 Juifs qui habitaient ces arrondissements, 84.000 émigrent vers l'intérieur du territoire, et 6.000 seulement trouvent moyen de rester à leur place. — En 1893, le gouverneur de Kherson transforme d'un seul coup 63 bourgs en villages : en 1895, même opération dans les gouvernements de Poltawa et de Tchernigof.

15. En 1865, Alexandre II avait donné aux artisans juifs le droit de libre circulation; mais les rédacteurs de l'ukase avaient négligé de définir le mot artisans. En conséquence, les autorités peuvent toujours expulser de n'importe où les Juifs qui leur déplaisent, sous prétexte qu'ils ne rentrent pas dans la catégorie des artisans. Ainsi, en 1891, le grand-duc Serge a fait expulser de Moscou, en une seule nuit, des milliers de Juifs. Même opération en janvier 1892. En 1893, le gouvernement envoie la circulaire suivante : « Sans vérifier en détail les droits des Juifs domiciliés en votre gouvernement, je prie Votre Excellence de faire émigrer dans le territoire tous les Juifs qui ne possèdent pas le droit de séjour. » En vertu de cette circulaire, les gouverneurs ont délogé 300.000 Juifs d'un seul coup.

16. Seuls, les Juifs très riches peuvent vivre presque tranquilles hors du territoire. Mais ils doivent, dans ce but, payer une patente de 2.600 francs. Ils doivent aussi prêter de l'argent à tous les fonctionnaires qui leur en demandent et ne pas se le faire rendre; le grand-duc Serge se faisait de la sorte des revenus royaux. Et quand on veut se débarrasser d'eux, on les expulse comme les autres, sous un prétexte quelconque. Leur seule garantie consiste dans cette obligation de trouver un prétexte pour les chasser, au lieu que pour chasser un Juif ordinaire, il suffit de dire qu'il n'est pas artisan. On a soutenu, par exemple, qu'un boulanger, un boucher, un vitrier, un vinaigrier ne sont pas des artisans.

IV. Restrictions au libre choix des professions.

17. La politique du tsarisme est de fermer aux Juifs, entassés dans le plus petit espace possible — le plus de professions possible. Il faut, suivant le mot d'un écrivain russe, M. Boborykine, « que le Juif cuise dans son jus ».

18. J'expliquerai tout à l'heure comment on interdit aux Juifs l'agriculture. Un Juif ne peut se faire avocat ou avoué sans payer au ministre de la Justice un pot-de-vin énorme. Ils ne peuvent pas travailler comme employés de l'Etat. ce qui les exclut de tous les chemins de fer, des fabriques de tabac, du commerce des boissons, de la banque rurale, de l'exploitation des forêts, des postes et télégraphes, de l'administration des finances, de la justice, de l'instruction publique, du notariat, de la médecine militaire. Ils peuvent exercer la médecine et la pharmacie, mais à titre personnel, et non comme fonctionnaires de l'Etat ou des villes. Comme d'autre part une grande partie des usines russes se trouvent à la campagne, on voit que les Juifs doivent se rejeter forcément sur un petit nombre de commerces et d'industries des villes.

19. La population masculine juive au-dessus de quatorze ans se répartit ainsi :

Manœuvres	85.000
Ouvriers de la grande industrie	25.000
Agriculteurs	21.000
Artisans	420.000
Industriels, financiers	3.000
Professions libérales (diplômés de l'Université, instituteurs religieux juifs	25.000
Marchands, intermédiaires, gens de professions indéterminées	530.000
Total	1 115.000

20. Les artisans juifs travaillent surtout dans la confection, la cordonnerie, la menuiserie, la tannerie, la reliure. Des statistiques très soignées, publiées par la Société de colonisation juive, montrent que sur trois Juifs russes, il y a au moins un ouvrier.

21. Très peu de Juifs, 60.000 au plus, travaillent dans la grande industrie, parce que d'abord la plupart des établissements industriels se trouvent hors du territoire juif, ou du moins hors de ses villes; — et aussi parce que presque tous les Juifs russes pratiquent scrupuleusement leur religion, et par suite chôment le samedi, et mangent autre chose que ce qu'on donne aux ouvriers dans les usines au repas de midi.

V. Interdiction de l'agriculture.

22. On admet généralement qu'aucune classe ne s'attache plus à son pays que la classe agricole. On s'accorde aussi généralement à dire que les Juifs ont pour défaut capital leur impuissance à se fixer dans leur pays d'élection, leur tendance à ne s'y établir que provisoirement, avec l'idée latente de retrouver quelque part et quelque jour la patrie perdue. Il semblerait logique dès lors, dans les pays où les Juifs abondent, où, par suite, leur loyalisme a pour l'État une importance considérable, de les orienter vers l'agriculture pour les fixer sûrement. On s'attendrait surtout, dans un pays bureaucratisé comme la Russie, où le gouvernement impose et interdit arbitrairement certaines professions, à ce qu'il eût imposé aux Juifs la profession agricole. Au contraire, il leur a complètement interdit l'agriculture.

23. Cette interdiction n'a pas d'autre mobile que le désir de concentrer les Juifs dans les villes pour les mieux surveiller, et, chez certains hommes comme M. Pobiedonostseff le désir de les faire mourir de faim systématiquement. En théorie, on prétend que les Juifs n'aiment pas l'agriculture, n'y réussissent pas, ne s'entendent qu'au commerce, à l'usure surtout. Mais sans parler des origines juives, sans rappeler le caractère exclusivement agricole des Hébreux de la Palestine, sans rappeler aussi que les Juifs n'auraient pas acquis la spécialité de la banque et de l'usure, si pendant de longs siècles l'Église catholique n'avait pas interdit aux chrétiens le prêt à intérêt jugé damnable et n'en avait pas elle-même réservé le monopole aux infidèles, — l'histoire des Juifs russes montre qu'ils aimeraient s'occuper d'agriculture et qu'ils y réussiraient à merveille, mais qu'ils n'en ont pas le droit.

24. Avant l'affranchissement des paysans (1861), avant que le gouvernement eût concentré sa sollicitude sur la population rurale, il se préoccupait surtout d'épargner aux artisans orthodoxes du territoire réservé la concurrence des Juifs. Il encourageait donc les Juifs à fonder des colonies agricoles. D'autre part, certains fonctionnaires, comme le gouverneur de Bessarabie en 1893, ou certains particuliers comme à la même époque la baronne de Wrangel dans la province de Kief, ou la princesse Tcherbatof en Podolie, ont eu l'idée d'embaucher des milliers de Juifs pour les travaux des champs. Les tsars eux-mêmes, notamment Nicolas Ier, ont transporté dans les régions les plus improductives de l'empire, des Juifs chargés de les mettre en valeur. Les expériences n'ont donc pas manqué pour apprécier la valeur agricole de ces Juifs. Et elles ont réussi.

25. Voici l'opinion publiée par le ministre des Domaines dans un recueil de *Matériaux pour l'étude de la population rurale en Sibérie* :

Tous ces juifs, y est-il dit, sont dans une situation aisée; ils sont devenus de véritables laboureurs, ils font tous les travaux des champs et cultivent leurs terres d'une façon très convenable. Plusieurs d'entre eux, surtout dans les communes de Baïmolt et d'Isklims, peuvent même être cités comme des cultivateurs modèles; ce sont eux qui donnent l'impulsion aux autres cultivateurs pour l'introduction des machines perfectionnées et des instruments aratoires. Généralement *ils sont à la tête de toutes les améliorations à appliquer à la culture des terres.*

26. Voici encore l'opinion de deux commissaires américains chargés en 1892 d'étudier les causes de l'immigration juive :

Les colons russes sont bien mieux outillés que les paysans chrétiens qui ne possèdent pas toujours une bonne charrue... En comparant les colonies juives avec les villages chrétiens les plus prospères de la région, les preuves sont décisives en faveur de la bonne exploitation rurale par les colons juifs... Si nous considérons, continuent les enquêteurs, toutes les difficultés et les misères qui ont accablé les premiers colons, nous pouvons affirmer qu'ils ont résolu d'une manière plus que satisfaisante le problème des aptitudes des Juifs pour l'agriculture. Sur une population juive de plus de cinq mille âmes dans les colonies d'Ekaterinoslaf on ne trouve pas d'éléments étrangers, le travail est exclusivement accompli par des colons juifs. Il n'y a pas de meilleure réponse à faire à ceux qui soutiennent que les Juifs sont incapables de se livrer aux travaux manuels ou de devenir agriculteurs.

27. Les Juifs peuvent donc devenir d'excellents agriculteurs. Néanmoins, depuis 1865, depuis qu'on a pu constater l'insuffisance des terres mises à la disposition des paysans affranchis, on a commencé à entraver la vocation agricole des Juifs. En 1865, on leur défend d'acquérir du terrain dans des districts déterminés. Puis, en 1882, on étend cette prohibition à tout le territoire juif, afin de surveiller les progrès des tendances démocratiques; et on ne réfléchit même pas que les idées dites avancées se propagent bien mieux dans une population agglomérée et oisive que chez des gens dispersés et occupés. En 180·, on applique la même mesure à toute la Pologne, et en 1903 à tout l'empire.

28 Plus de 600.000 Juifs habitaient encore la campagne en 1881. Il n'en reste plus que 97.000, répartis en 300 colonies, et qui cultivent ensemble 100.107 déciatines, soit environ 1 hectare 1/2 par tête. Voilà ce que représente l'agriculture juive sur le territoire juif : 100.000 hectares sur 100 millions d'hectares, sur presque le double de la France.

VI. **Atteintes à la liberté religieuse.**

29. La loi fondamentale de l'empire russe porte que « la liberté du culte est accordée, non seulement aux Chrétiens, mais aussi aux Juifs, aux Mahométans et aux Païens ». Néanmoins, les autorités ont fermé en 1891 la synagogue de Moscou. Une loi du 18 juin 1892 a défendu aux Juifs de se réunir pour prier en commun, chez eux ou ailleurs, sans autorisation. En 1903 on a fait un procès à des Juifs qui se réunissaient dans une forêt. D'après l'article 185 du Code pénal, quiconque abjure la religion orthodoxe pour la religion juive doit finir ses jours en prison dans un cloître ; il perd tous ses biens et tous ses droits civils.

30. On a voulu exploiter la religion juive contre les Juifs. En 1893, le procureur du Saint-Synode, M. Pobiedonostseff, dans son rapport à l'empereur, a écrit :

L'influence des Juifs en matière religieuse se fait vivement sentir, surtout chez les chrétiens de l'Eglise russe qui sont employés chez eux en qualité de domestiques. Les mineurs, lorsqu'ils sont restés pendant quelques années en service chez les Juifs, ont complètement oublié les croyances chrétiennes. La foi religieuse des hommes faits est également mise à une dure épreuve. Pendant les jours de samedi et de dimanche, les domestiques chrétiens sont dans l'impossibilité de fréquenter l'Eglise : le samedi, parce qu'ils sont obligés de travailler pour faire la vente, attendu que les Juifs observent très rigoureusement le repos du sabbat ; le dimanche et les jours fériés, parce que les Juifs ont besoin d'eux et les congédieraient s'ils s'absentaient pour les offices. Les chrétiens tombés au milieu des Juifs ne fréquentent plus les églises, se déshabituent de voir les saintes images, d'observer les fêtes chrétiennes et les prescriptions de l'Église. Les prêtres entendent avec effroi à confesse les déclarations de ces domestiques, les blasphèmes que les Juifs profèrent contre le christianisme, le Sauveur et la Vierge. Ces blasphèmes passent dans le peuple et détruisent la foi...

31. Le journal *Woskhod* du 8 septembre 1895, qui reproduit ce texte, observe justement qu'il ne cite pas une preuve et qu'on n'en pourrait pas citer une seule. Les Juifs ne peuvent même pas songer à exercer une influence religieuse sur les orthodoxes.

32. Au contraire, une société orthodoxe, la communauté de Saint-Wladimir, s'est donné pour but de convertir les Juifs à l'orthodoxie, afin d'accomplir la prophétie de M. Pobiedonostseff qui, en 1883, avait dit qu'un tiers des Juifs se convertirait. De 1883 à 1903, on n'en a converti que 10.000, qui presque tous appartiennent à la classe moyenne, à la petite bourgeoisie.

33. Le ministre Plehwe eut une idée ingénieuse. Dans l'été de 1903, il se mit en rapport avec le rabbin de Poltava, M. Rabinovitch, chef des obscurantistes juifs de Russie. Et en novembre 1903, ce Rabinovitch se mit à organiser un congrès de rabbins qui devait siéger à Grodno. Le programme du congrès, approuvé par Plehwe, comportait trois points : 1° lutte contre les socialistes juifs; 2° lutte contre les Sionistes; 3° lutte contre la presse juive et russo-juive. Une soixantaine de rabbins, menacés de la colère gouvernementale s'ils récalcitraient, donnèrent leur adhésion au congrès. Aussitôt une indignation violente se manifesta dans les milieux juifs, surtout parmi les ouvriers. Ils menacèrent de s'opposer par la force aux réunions du congrès. Plehve essaya d'abord d'encourager les rabbins à tenir tête, mais il y renonça, et en janvier 1904 abandonna l'idée du congrès.

VII. Privation des droits civils et politiques.

34. Le gouvernement russe a supprimé en 1877 l'organisation communale des Juifs, nommée *Kahal*. Les communes juives, bien qu'elles paient des impôts particuliers, n'ont pas les droits des personnes morales. Les Juifs n'ont pas le droit de percevoir eux-mêmes, mais l'autorité perçoit à leur place, les contributions destinées au paiement des rabbins, à l'entretien des synagogues, à l'assistance des pauvres. Les associations de Juifs, même les sociétés de bienfaisance, d'épargne, de crédit, obtiennent très rarement l'autorisation administrative.

35. Les Juifs ne sont ni électeurs, ni éligibles aux assmblées provinciales ou zemstvos; ni électeurs ni éligibles aux conseils municipaux; ni aux fonctions de maire, ou d'ajoint, ou de président du conseil municipal, ou de conseiller de police, ou d'ancien d'un hameau, ou de commissaire d'une corporation, ou de membre d'une commission de recrutement.

VIII. Obligation du service militaire.

36. Les Juifs ne représentent que 4,13 p. 100 de la population de l'empire russe, mais les conscrits juifs représent 6,12 p. 100 de l'armée russe. Ils ne peuvent être officiers. Les fonctionnaires s'ingénient à enrôler plus de Juifs qu'ils ne doivent. Par exemple, en 1903, ils prétendaient que 1.327 conscrits juifs manquaient à l'appel, alors qu'il y en avait 808 de trop. Très souvent, les communautés juives ont établi irréfutablement que l'administration réclamait des individus morts depuis longtemps, mais dont on avait fait exprès de ne pas enregistrer le décès. Cette supercherie a pour but de faire payer aux Juifs de fortes amendes. En effet, ils doivent 300 roubles (780 francs) pour chaque réfractaire, et cette amende se perçoit sur les communautés, considérées comme responsables solidairement.

Un Juif n'obtient jamais les dispenses à titre de soutien de famille qui s'accordent très facilement aux chrétiens.

IX. Charges fiscales.

37. Les Juifs paient les mêmes impôts que les chrétiens, mais ils en paient d'autres : l'impôt de résidence qui leur donne le droit de résider hors du territoire juif; l'impôt des cierges destiné à l'entretien des écoles juives; et l'impôt de panier, taxe perçue sur la viande qu'ils consomment. Cette taxe, primitivement destinée au culte juif, sert maintenant aux dépenses publiques : entretien de la police qui protège les massacreurs de Juifs; entretien des pompes qui ne fonctionnent pas quand les chrétiens mettent le feu aux maisons juives; entretien des collèges où les enfants juifs n'ont pas le droit d'étudier. En somme, cet impôt empêche les Juifs de manger de la viande autant qu'ils voudraient, et entretient des services dont ils n'ont pas l'usage.

38. Les Juifs paient aussi des sommes énormes sous forme de pots-de-vin aux fonctionnaires qui n'accordent aucune permission gratis, et sous forme de rançon aux fonctionnaires qui les exploitent ouvertement. En mai 1897, le tribunal criminel de Radom a condamné, pour concussion, un chef de police qui terrorisait les Juifs, et dans son réquisitoire le procureur n'a pas craint de dire que les Juifs auraient pu mettre fin à cette oppression, s'ils l'avaient eux-mêmes dénoncée plus tôt.

39. Une autre mesure fiscale, l'établissement du monopole de l'alcool introduit en 1897 dans les provinces de Pologne, a ruiné 400.000 Juifs; car on ne leur a payé aucune des indemnités promises.

X. Restrictions au droit de s'instruire.

40. Le gouvernement a entrepris en 1881 d'interdire aux Juifs la fréquentation des écoles. Le 21 janvier 1881, le Conseil des ministres décida la fermeture de l'école industrielle juive de Jitomir, sous prétexte que dans la région les Juifs, formaient déjà la majorité des artisans, et qu'on ne devait pas leur laisser le moyen d'augmenter encore leur supériorité. A partir de 1885, les Juifs qui dans le territoire réservé forment au moins la moitié de la population urbaine, n'eurent plus le droit de fournir que 3 ou au plus 10 p. 100 des étudiants. Cette mesure s'applique même aux écoles fondées par les Juifs; et dans ces écoles qui leur appartiennent, les Juifs, pour avoir le droit de placer tous leurs enfants, n'ont pas d'autre moyen que d'augmenter artificiellement la proportion des enfants chrétiens qu'ils paient à cet effet.

41. A la campagne, les Juifs n'ont à leur disposition que deux espèces d'écoles : écoles religieuses et écoles de village. Ils ne peuvent pas envoyer leurs enfants à l'école religieuse; on leur défend de les envoyer à l'école de village. Ils doivent donc fonder des écoles à leurs frais. Mais la plupart du temps on leur en refuse l'autorisation ; d'autres fois on leur défend d'instruire en commun les garçons et les filles, sous prétexte que le Talmud le défend (ce qui est faux), mais en réalité pour leur imposer des frais doubles. Bien mieux, quand les Juifs demandent la permission de fonder une école confessionnelle, on n'y consent que s'ils s'engagent à ne pas y enseigner le russe.

42. Dans les universités, on refuse des Juifs alors même qu'il reste des places vacantes. En 1899, à Kiel, il restait 750 places que demandaient

492 chrétiens et 120 Juifs. Pour ne pas admettre tous les Juifs on ne reçut que 540 étudiants en tout, dont 48 Juifs. La même année, à Kharkof, il restait 550 places, que demandaient 240 chrétiens et 60 Juifs ; on n'admit que 282 étudiants, dont 12 Juifs, et 268 places restèrent vacantes.

43. En un mot le gouvernement russe aime mieux priver d'instruction les chrétiens que d'admettre à cette instruction quelques Juifs ; il ne veut pas que les Juifs s'instruisent ; il ne veut même pas qu'ils apprennent le russe ; il leur reproche ensuite de ne pas se russifier.

XI. Misère des Juifs et de leurs femmes.

44. Pour mesurer toute la misère des Juifs il faut se représenter que les procédés d'oppression résumés plus haut, oppression politique, administrative, militaire, religieuse, fiscale, scolaire, s'appliquent à une population comprimée de force dans un espace trop étroit, et dans un espace qu'on rétrécit sans cesse à mesure que cette population se multiplie. Or, el'e multiplie très vite, selon l'usage des populations misérables et démoralisées.

45. Cet encombrement, dans le même territoire trop étroit, de ces Juifs que la population chrétienne méprise déjà et auxquels elle ne veut que du mal, a pour premier résultat de les ruiner par la concurrence qu'ils se font entre eux comme ouvriers ou comme petits marchands.

46. Les salaires les plus hauts ne dépassent pas 7 fr. 50 à 9 fr. 50 par *semaine*. Les salaires les plus fréquents sont de 5 francs, 7 fr. 50 par semaine ; les salaires inférieurs varient de 2 fr. 50 à 5 francs par semaine. Les jeunes filles gagnent tout au plus 15 à 18 francs par *mois*, et généralement 7 à 10 francs, toujours par mois.

47. L'encombrement a des résultats déplorables pour l'hygiène. D'après les statistiques, 410 à 510 chrétiens occupent le même espace que 1.229 Juifs ; c'est-à-dire qu'un Juif a deux ou trois fois moins d'espace qu'un chrétien. Un rapport *officiel* décrit ainsi la condition des Juifs à Berditchef :

Les Juifs sont serrés les uns contre les autres plutôt comme des harengs salés que comme des êtres humains ; des dizaines de mille d'entre eux n'ont aucun moyen d'existence fixe et vivent au jour le jour ; plusieurs familles sont souvent entassées dans une ou deux chambres d'une hutte à moitié en ruines, de sorte que la nuit, il ne reste absolument aucune place entre les dormeurs.... Dans la journée, les locataires transforment ces chambres en boutiques ; ils y épurent la cire, fabriquent des chandelles, tannent le cuir, etc. : des familles entières vivent, travaillent, dorment et mangent ensemble dans cette atmosphère fétide, avec leurs outils et leurs matériaux éparpillés de tous côtés autour d'eux.

48. Voici la description que faisait des Juifs de Vilna, en janvier 1904, le correspondant du journal antisémite *Le Nouveau Temps* :

La plus grande partie de la population juive appartient au prolétariat. Tous les gros travaux sont exécutés par les Juifs : ils pavent les rues, ils portent les fardeaux. Les camionneurs et les cochers sont aussi en partie des Juifs. Les ramoneurs le sont tous. Il y a ensuite toute une série d'artisans juifs. Les fabricants de casquettes sont tellement nombreux qu'il y en a trois fois plus que de têtes à coiffer Chaque maison a un horloger ; et trois maisons ont un coiffeur qui est en même temps commissionnaire (« Meschouvèssé »). Le commerce a envahi tout Vilna, mais ce commerce est minime et insignifiant. Les maisons sont toutes couvertes d'enseignes : les maisons de commerce, les magasins et les boutiques sont les unes sur les autres, tantôt placées dans les parties en vue des maisons, tantôt cachées dans les coins obscurs, ou sous les porte cochères. Qui prétendait donc que les Juifs s'enrichissaient toujours ? La masse devient pourtant de plus en plus pauvre !

49. La famine ravage constamment cette population, mais l'a plus spécialement éprouvée en 1899, 1900, 1902. En 1902, à Vilna, les boulangers avaient tant de pitié pour les Juifs qu'ils les laissaient dévaliser leurs boutiques et que la police ne disait rien. Le gouvernement ne put pas empêcher la formation d'un comité de secours. Mais il ne donna pas un rouble, il refusa même d'abandonner la moindre part de l'impôt de panier qu'il perçoit exclusivement sur les Juifs et soi-disant pour eux.

50. Quelques chiffres donnent une idée de la proportion des indigents. Pendant l'année 1893, qui ne fut pas mauvaise pour les récoltes, 18,8 p. 100 de la population juive, dans la Russie occidentale, ont eu recours aux aumônes de Pâques ; la proportion a été de 16,9 p. 100 en Pologne, de 22,3 p. 100 dans le gouvernement de Vilna, de 22,9 p. 100 dans le gouvernement de Kordno. A Odessa, en 1897, sur 130.000 Juifs, plus de 60.000 ont demandé des secours ; à Mohilef le quart des Juifs les a demandés ; ainsi la proportion des Juifs indigents ne descend pas au dessous du cinquième, et s'élève parfois jusqu'à la moitié.

51. Le correspondant du *Nowoié Wremya*, l'antisémite Engelhardt, décrit ainsi la misère des Juifs à Vilna :

On voit partout des Juifs avec des vêtements déchirés et des figures de morts. Ils sont extrêmement maigres et évidemment affamés. Les traits de leurs figures sont fins et parfois spiritualisés. Ce que l'on ne voit pas dans les villes avec une population purement russe, et qui frappe ici surtout, ce sont les figures avec l'expression d'une faim torturante, qui se lit distinctement dans leurs yeux brillants si caractéristiques. Ils font frémir le cœur de l'étranger.

52. Le professeur Besobrasoff décrit ainsi leur vie :

Leurs habitations ont l'air d'*étables* abandonnées et négligées. Tout leur bien consiste en un tas de vieilles hardes. Les mères n'ont pas de quoi allaiter leurs enfants, les pères n'ont pas d'argent pour nourrir la famille. Ils n'avaient dans le passé que la faim, et l'avenir ne peut rien leur apporter d'autre. Pour vivre ainsi, il faut avoir une patience incroyable. Comment peut-on encore vivre tranquille dans de telles conditions et que doit-on encore croire ? Ces malheureux, qui sont tellement tourmentés par l'injuste sort, endurent leurs souffrances sans murmurer. Ils croient fermement à leur dieu. Ils ne volent pas, ils ne se révoltent pas, ils n'assassinent pas. Ils ne cherchent que du travail. Ils ne sont pas seulement des gens honnêtes, mais vraiment des martyrs désintéressés et énergiques.

53. Le régime des Juifs produit une autre conséquence ; il oblige les Juives à se prostituer en masses : d'abord par misère ; puis pour obéir a la police, — et voici comment. Tandis que les Juives ouvrières n'ont pas le droit d'habiter hors du territoire juif, les prostituées juives en ont le droit parce que les marchands russes et les soldats russes ont partout besoin de femmes à bon marché. Une Juive qui veut absolument vivre de son travail doit donc se prostituer. De même une Juive qui veut absolument vivre dans une ville d'université pour étudier, et qui ne veut pas risquer de se voir expulsée sous le moindre prétexte, se fera inscrire comme prostituée. De temps en temps, la police viendra s'assurer si elle fait toujours son métier ; moyennant quoi elle aura la paix. On connaît même une étudiante Juive que la police expulsa de Pétersbourg, parce qu'après vérification elle se trouva encore vierge.

54. Les Juifs, pourtant, ne sont pas tendres pour les prostituées. Un congrès de rabbins, réuni à Lamberg en 1903, les a vouées à l'infamie. On interdit les synagogues non seulement aux femmes, mais à leurs exploiteurs. Et la vie de prostituée non plus ne devrait pas attirer les Juives ; elles n'y ont même pas l'espoir, comme les prostituées chrétiennes, de se faire épouser par un noble, un officier, un bourgeois quelconque. On les paye mal : de 10 à 70 francs quand on les achète, et de 1 à 3 francs chaque fois qu'on les utilise.

55. Cette année (mai 1905) les Juifs de Varsovie ont fait un massacre général des prostituées et des souteneurs juifs. L'*Européen* du 17 juin en donne cette explication :

a) L'incapacité de la police russe, sa corruption et les instincts criminels de la majorité de ses membres ont depuis longtemps accoutumé la population à s'aider elle-même, ce qui a amené entre autres le massacre des voleurs dans le faubourg de Varsovie Wola. *b*) Les meilleurs éléments du prolétariat juif ressentaient douloureusement l'accroissement continu du nombre des prostituées juives et des souteneurs et voulaient en purifier la ville. *c*) Les souteneurs étaient au service de la police. — *d*) Enfin, la police elle-même espérait que des désordres surgirait un massacre général des Juifs et elle n'intervint que quand les horizontales attachées à l'état-major du gouverneur général furent attaquées.

Ainsi, ces femmes, réduites à la prostitution par l'oppression russe, succombent ensuite par la main des Juifs.

56. Pour remédier à leur misère, les Juifs russes ont la ressource des aumônes privées distribuées par les rabins le jour de Pâques ; — la taxe sur les boucheries juives, que les autorités interceptent en grande partie ; — les dons des Juifs riches de France, d'Allemagne, d'Angleterre, mais surtout d'Amérique.

57. Les Juifs ont, dans leur territoire réservé, 112 hôpitaux, 126 hospices, 50 soupes populaires, 72 vestiaires, 605 sociétés de secours mutuels, 51 sociétés pour l'installation des jeunes mariés, 550 associations de crédit gratuit (dont le capital moyen ne dépasse pas 1.200 francs).

XII. Les Pogromes.

58. Non content de ruiner les Juifs, le gouvernement russe les massacre. Chaque fois qu'un événement malheureux risque de soulever le peuple, chaque fois qu'un fonctionnaire a fait une grosse faute, un massacre de Juifs, appelé pogrome, sauve la situation.

59. J'ai dit que les pogromes ont commencé en 1871, parce qu'un Allemand, gouverneur d'Odessa, reprochait aux Juifs de trop s'intéresser aux Français. On les tua pendant trois jours. Mais le pogrome ne devint un procédé de gouvernement qu'en 1881, avant les lois de mai pour les préparer, et après les lois sous prétexte de les faire appliquer. Une série de pogromes eut lieu en 1890, 91, 92, 93, parce que les Juifs protestaient contre la prétention de leur faire évacuer toutes les grandes villes de l'empire. Nouveaux pogromes ruraux en 1897. Pogrome en Pologne en décembre 1903. Pogromes de Kichineff et Homel en 1903. Pogromes de Jitomir, Novogorod, Nicolaïev, Odessa, en 1905.

60. Le récit de ces pogromes n'apprendrait rien à personne. Tout le monde a lu le récit de Kichineff. Mais il convient de rappeler les principaux traits de tous ces massacres, dont Kichineff ne diffère que par une plus grande publicité.

61. D'abord, à propos d'un crime quelconque, la police fait courir le bruit d'un meurtre rituel : enfant assassiné par des Juifs qui veulent boire son sang. Aussitôt un journal orthodoxe se met à exciter les Russes contre le peuple déicide.

62. Quelques semaines avant une fête religieuse, généralement avant Pâques, formation d'une association sous prétexte de se défendre contre les Juifs. L'association s'organise sous la protection de la police, tient des réunions dans des cafés où les consommations se trouvent toujours payées par un compagnon généreux ; on se procure des armes, autant que possible des bâtons et le moins possible d'armes à feu.

63. Ensuite, distribution clandestine d'une proclamation antijuive, rédigée soi-disant par des hommes du peuple. Exemple la proclamation suivante, qui a précédé Kichineff :

Frères Chrétiens,

Notre grande fête de la Résurrection de Christ approche. Il y a un très grand nombre d'années que, mis à mort par les Juifs, notre Seigneur expia par son sang nos péchés à nous et ceux du monde entier, versa, de par sa miséricorde, son sang sacré pour le salut de tous les peuples qui existent sur la terre — de nous autres chrétiens aussi bien que de tous les hommes des autres religions.

Mais les vils Juifs n'ont pas assez d'avoir versé le sang de notre Sauveur qu'ils ont crucifié et qui a souffert pour eux. Ils en versent tous les ans de ce sang innocent de chrétiens. Ils le tirent et l'emploient pour leurs rites.

On vous a raconté sans doute qu'à Doubossari ils ont crucifié un garçon chrétien dont ils ont employé le sang. Eh bien, la chose est parfaitement exacte.

Les autorités le savent elles aussi, bien qu'elles n'en soufflent pas mot pour ne point exciter notre colère contre ces hommes misérables et avides de sang, que depuis longtemps déjà on aurait dû expulser de notre pays. C'est à contre-cœur que les autorités font écrire qu'il n'en est rien.

Un cas analogue vient encore de se produire ces derniers jours à Kiev, où notamment ils ont tiré le sang d'un enfant innocent qu'ils ont ensuite jeté dans la rue.

A l'heure qu'il est, pendant que nous nous préparons à la Passion de notre Seigneur, ils boivent, eux, notre sang chrétien. Frères, nous sommes saisis d'effroi quand nous pensons au nombre d'âmes innocentes de chrétiens dont ils ont dû causer la perte durant de longues années.

Voilà donc comment ce peuple abject se moque de nous autres Russes... Et combien de maux ils occasionnent à notre Russie bien-aimée... Ils aspirent à s'en emparer... Ils adressent au peuple différentes proclamations afin de l'exciter contre les autorités et même contre notre Tsar-Bathiouchka lequel n'ignore pas que c'est là un peuple lâche, vil, rapace, et ne lui accorde point la liberté.

Ils tâchent donc de provoquer des troubles à la faveur desquels ils espèrent obtenir plus de liberté pour eux. Or, pour peu qu'on accorde la liberté au Juif, il deviendra le maître dans notre sainte Russie, accaparera tout dans ses mains avides, et ce sera alors non plus une Russie, mais une Juiverie.

Frères, au nom de notre Sauveur qui a donné son sang pour nous, au nom de notre très pieux Tsar-Batiouchka qui veille aux besoins de son peuple dont il soulage le sort par des manifestes généreux, réunissons-nous le jour de Pâques au cri : A bas les Juifs ! Massacrons ces monstres sanguinaires qui s'abreuvent du sang russe.

Faites en sorte qu'ils se rappellent le pogrome d'Odessa, lorsque les troupes elles-mêmes aidèrent au peuple. Cette fois encore elles lui aideront, inspirées qu'elles sont chez nous de l'amour du Christ.

Frères, prêtez-nous main-forte. Massacrez ces vils Juifs. Nous sommes déjà nombreux.

Parti des ouvriers qui sont de vrais chrétiens.

Faites lire ceci à vos visiteurs, sinon votre établissement sera saccagé. Nous serons renseignés là-dessus par ceux des nôtres qui vous fréquentent.

64. Le jour fixé, mesures de police telles que la foule, comme par hasard, se trouve concentrée sur un seul point. Dans cette foule, au moindre incident, des gens se mettent tout à coup à crier : « A bas les Juifs! tuez les Juifs! » Les Juifs vont se cacher chez eux. Mais il apparaît alors que les maisons des chrétiens ont un signe distinctif, généralement des icônes, ou au contraire qu'on a marqué les portes des maisons juives. Massacre des Juifs ; éventrement des femmes, spécialement des femmes enceintes; viol des filles et des garçons; pillage; incendie. Les soldats demeurent introuvables. La police se précipite dans les quartiers où rien ne se passe, et, sous prétexte de disperser la foule, la conduit vers les rues juives, où elle se met à massacrer aussi. Le téléphone des Juifs ne fonctionne pas. On refuse leurs télégrammes. Quand un chrétien courageux reproche à la police de ne pas intervenir, les agents disent aux massacreurs d'aller plus loin, c'est-à-dire d'aller tuer à côté. Les riches bourgeois se rendent en voiture dans le quartier juif pour assister au massacre.

65. Quand le massacre a pris fin, le gouvernement envoie aux autorités locales, par télégramme, la « permission » de prendre des mesures d'ordre extraordinaires.

66. Ensuite, on fait une enquête, qui permet de démontrer que le malheur est arrivé par la faute des Juifs. Ainsi après le massacre de Homel, l'enquêteur général Klingenberg, réunit la communauté juive, lui explique que les Juifs, surtout les jeunes, deviennent tous des révolutionnaires, et ajoute :

Voilà où sont les causes et vous devez vous en prendre à vous-même de tout ce qui s'est passé. Le gouvernement est impartial, et moi aussi... Et, restant impartial, je dois vous déclarer ceci : c'est votre faute à vous et c'est dans ce sens que je ferai mon rapport à l'empereur. Vous n'élevez pas vos enfants comme il convient ; vous n'avez pas d'empire sur eux. Mais vous pourriez révéler leurs menées en les dénonçant au gouvernement. Vous ne le faites pas, vous les cachez, et voilà les fruits de votre conduite.

67. Après quoi, il ne reste plus qu'à faire savoir aux Juifs qu'on recommencera. Témoin cette conversation d'un Juif avec le gouverneur de Kichinef, rapportée par le journal *Possliédnïa Isvestïa*, du 5 janvier 1904 :

— « Vous savez — dit le gouverneur — les fêtes de Noël s'approchent ; étant donnée la surexcitation de la population, le temps me paraît orageux. Croyez-vous que si *quelque chose* arrive les Juifs se défendront ? » — « Je crois qu'ils se défendront », lui répondis-je. — « Les armes à la main ? » — « Oui, je crois armes à la main. » — « C'est mauvais, — dit le gouverneur — s'il y a un seul cadavre chrétien je ne réponds pas des conséquences. ». Et le chef de la sûreté, M. Savarsine, dit que si quelque chose arrive, il faut s'attendre à une Saint-Barthélemy. La ville est agitée. Les Juifs riches quittent la ville. Et le gouvernement ne trouve rien de mieux que d'accorder des récompenses à la gendarmerie locale qui a joué un rôle si important dans l'organisation du massacre et de révoquer M. Gouriev, le gérant (chrétien) des biens ecclésiastiques, parce que cet honnête homme a donné au tribunal des explications démasquant les véritables coupables du massacre des Juifs. »

XIII. L'organisation du prolétariat juif et le Bund.

68. Le prolétariat juif a commencé à s'organiser quand il a compris que le pogrome devenait en Russie une institution, et que la persécution déchaînée par les lois de mai 1882, devenait habituelle. En 1885-86 les premiers cercles ouvriers se fondent à Vilna sur l'initiative de quelques étudiants. Ils font l'éducation des ouvriers. Ils leur apprennent aussi à organiser des caisses professionnelles, à faire la grève, à formuler et à soutenir leurs revendications.

69. Les premières grèves ont lieu en 1888 et réussissent. En 1895 à Byalystok, 3.000 ouvriers juifs entraînent dans leur grève 25,000 ouvriers chrétiens, et leur revendication triomphe.

Le groupe socialiste de Vilna se met alors à publier des brochures de propagande en jargon juif. Puis ils fondent un journal, la *Voix de l'Ouvrier*, qui tire à 5.000 exemplaires. Le prolétariat juif se fait représenter au congrès socialiste de Londres par quatre délégués. Mais alors la police se met à inquiéter, arrêter, déporter les agitateurs juifs. Pour se défendre, ils fondent un parti, le *Bund*, ou *Union générale ouvrière juive de Russie et de Pologne*, dont le premier congrès se tient en 1897.

70. Le Bund veut être, non pas une organisation de nationalité, mais une organisation de classe. Dès 1895, l'un de ses fondateurs écrit dans une brochure de propagande :

L'affranchissement des ouvriers juifs doit être l'œuvre des ouvriers juifs eux-mêmes ; de même c'est de la classe ouvrière juive que doit venir l'émancipation des populations israélites de Russie. Plus le prolétariat juif sera une force révolutionnaire, plus les droits octroyés par la constitution russe aux Juifs seront étendus...

Mais nous ne devons pas oublier qu'il n'existe plus de peuple juif un et indivisible. Chez nous, comme chez les autres, il y a deux classes ennemies : celle des exploiteurs et celle des exploités. L'action économique doit aller de pair avec la lutte politique.

71. En 1898, le Bund a adhéré au parti ouvrier social-démocratique russe, qui venait de se constituer, et qui déclare, dans son manifeste qu'il « reconnaît à chaque nationnalité ou groupe ethnique le droit à la reconnaissance par les autres nationalités et groupes, de son individualité propre ». Le Bund a en même temps reçu du parti russe pleins pouvoirs pour les affaires du prolétariat juif.

72. Le Bund a dans chaque ville une caisse de combat alimentée par des cotisations. Les caisses dépendent des comités locaux, installés dans les centres importants. Ces comités locaux dépendent d'un comité central qui a son journal officiel, la *Voix ouvrière (Arbeiterstimme)*, s'occupe de publier et de répandre des brochures de propagande, et sert d'intermédiaire entre le parti et le comité du Bund à l'étranger. Le comité étranger publie trois journeaux : *L'Ouvrier juif* (en juif) ; *Les Messagers du Bund* (en russe et en polonais) ; *Les Dernières Nouvelles* (en russe).

Presque tous les ans a lieu le congrès, autorité suprême du Bund.

Il nomme le Comité central, juge les conflits, détermine l'action e l'orientation du parti.

73. Jusqu'en 1901, le *Bund* s'est principalement occupé de l'action économique. Il obtenu les résultats suivants, d'après *l'Européen* du 4 mars 1905 :

En l'espace de trois ans (1898-1901), on a enregistré 312 grèves avec 27.830 grévistes. De 262 grèves dont le résultat est connu, 239 (91,2 p. 100) ont réussi et 23 (8,8 p. 100) ont échoué. Le succès de la plupart des grèves s'explique par la solidarité des ouvriers, par la désunion des patrons et surtout par les secours du *Bund*. Grâce à l'organisation ingénieuse des caisses de grèves (caisses de combat), alimentées par les cotisations mensuelles des ouvriers syndiqués, les grévistes ont pu en certains cas prolonger la résistance pendant quatre mois et même davantage.

74 Depuis 1901, le *Bund* s'est transformé en un parti politique et révolutionnaire. Dans le même numéro de l'*Européen*, un Israélite russe explique très bien cette évolution :

Dans ce vaste ghetto, où sont parqués les cinq millions de Juifs russes, la question ouvrière se présente sous un aspect tout autre que partout ailleurs. C'est moins une question de réglementation qu'une question d'offre et de demande. Il y a trop de bras et pas assez de travail. Les petits patrons, contre lesquels lutte principalement le *Bund* — les ouvriers juifs de la grande industrie étant peu nombreux en Russie — sont aussi des prolétaires. En quelques années, toutes les concessions possibles ont été obtenues d'eux grâce à la solidarité ouvrière. Et le sort de l'ouvrier n'a pas été amélioré. Car s'il travaille moins et qu'il est payé un peu mieux, il chôme davantage, par suite de la disparition lente, mais fatale de la petite industrie.

75. Il faut ajouter que les Juifs russes, en leur qualité d'étrangers ou de cosmopolites, se rendent compte, beaucoup mieux que les ouvriers russes, de ce qui différencie la civilisation russe et la civilisation occidentale. Ils ont conscience de l'oppression qu'ils subissent, ils savent comment les peuples d'Occident se sont délivrés de leurs gouvernements d'ancien régime. C'est pourquoi le drapeau rouge est d'abord apparu dans une foule juive ; le cri « à bas l'autocratie » a d'abord été poussé par des Juifs ; ils ont senti la nécessité de faire des manifestations publiques pour attirer l'attention du peuple russe. Un des « appels » du Comité du *Bund* contient une théorie de la manifestation :

Dans les pays de l'Europe occidentale, lisons-nous, le peuple a les tribunes du Parlement, des réunions publiques, le livre, le journal où il peut parler librement de ses besoins. Ici nous sommes privés de tout cela. Il ne nous reste qu'une seule chose : porter nos revendications dans la rue. Et en vain l'odieux gouvernement propage des bruits absurdes qu'en ce jour de fête pacifique du prolétariat, le Premier Mai, les ouvriers vont assassiner, piller, incendier, organiser des émeutes. Le gouvernement nous calomnie, car il comprend le danger que lui fait courir une manifestation qui réussit. Une pareille manifestation nous avance plus que des mois entiers de propagande clandestine. Car une manifestation dessille les yeux même les plus aveugles. Le gouvernement se révèle là dans toute son horrible nudité et provoque la haine et le mépris de tous les honnêtes gens. Voilà pourquoi le gouvernement traite les manifestants avec une cruauté inouïe, pourquoi il fait massacrer des gens qui se promènent paisiblement, pourquoi il ne recule devant aucun moyen pour empêcher les manifestations dans la rue.

76. Le gouvernement a répondu à la nouvelle tactique du *Bund* par des violences. En 1902, à Vilna, le gouverneur a fait fouetter des Juifs. Ils ont riposté par un appel du *Bund*, qui se termine ainsi :

...Nous luttons par des moyens pacifiques. Nous ne voulons pas verser du sang humain. Mais... la patience a des limites. Ce ne sera pas de notre faute si la vengeance et la haine populaires se traduisent un jour par un acte de violence...

77. En 1903 le *Bund* s'est retiré du parti social-démocratique russe. Leur conflit a pour cause un dissentiment sur les droits des Juifs considérés comme race ou nationalité. Les Juifs disent que les social-démocrates ne voulaient pas leur accorder les mêmes droits qu'aux autres nationalités. Les social-démocrates disent de leur côté que les Juifs deviennent de plus en plus sionistes, c'est-à-dire enclins à se constituer en nationalité exclusive et cléricale.

XIV. Le Sionisme.

78. Le sionisme en Russie représente une forme de la tendance des Juifs à émigrer. On comprend sans peine qu'ils émigrent, quand on connaît leur situation. Puisqu'on leur défend de s'installer dans l'empire russe hors du territoire juif, ils n'ont pas d'autre ressource que de sortir de Russie. Et une association très riche, alimentée par une fondation du baron de Hirsch, la *Jewish Colonisation Association*, a justement pour but de favoriser cette émigration.

79. Les Etats-Unis, entre 1881 et 1897, ont reçu chaque année une moyenne de 25.000 Juifs russes; entre 1898 et 1902, une moyenne de 35.000; depuis les massacres de Kichineff, la moyenne a presque atteint 100.000, malgré les moyens employés par le gouvernement russe pour arrêter le mouvement. En effet, la population juive de Russie s'augmente de 75.000 têtes par an; si elle diminue en même temps de 100.000 émigrants, il se produit un déchet annuel de 25.000 Juifs; et le gouvernement tient beaucoup à ne pas perdre ses Juifs. Mais, d'autre part, les pays où émigrent les Juifs montrent des inquiétudes. New-York a plus de 600.000 Juifs russes.

80. L'émigration juive, systématisée, s'appelle le *sionisme*. Le sionisme, d'après son théoricien M. Max Nordau, « a pour but la création en Palestine, pour le peuple juif, d'une patrie garantie par le droit public ». Le congrès de Bâle de 1903 a défini comme il suit les moyens de réalisation du sionisme :

I. En favorisant de manière efficace l'établissement en Palestine de cultivateurs, d'artisans et d'industriels juifs. II. En organisant et en associant tous les Juifs à l'aide de sociétés locales et de fédérations générales dans la mesure permise par les lois des pays où elles seront fondées. III. En raffermissant le sentiment de dignité personnelle et la conscience nationale du peuple juif. IV. En faisant des démarches préparatoires pour obtenir le consentement des gouvernements, nécessaire pour atteindre le but du sionisme.

81. Mais les Juifs russes ne sont pas sionistes de la même manière ni pour les mêmes raisons que les Juifs d'Occident. Les sionistes occidentaux ont pour théoriciens Mendelssohn qui, en 1783, écrivit à Berlin un livre sur la puissance du Judaïsme, et Moïse Hess qui, en 1860, écrivit, à Berlin pareillement, un livre sur la résurrection de Jérusalem comparée à la décadence de Rome. Ces livres seuls et leurs dates indiquent le caractère religieux et politique des sionistes occidentaux ; ils rêvent la reconstitution du Judaïsme en 1783, quand le mouvement philosophique prépare la révolution française, et en 1860, quand le mouvement libéral vient de procurer l'émancipation des Juifs allemands. Le sionisme de 1783 et de 1860 a pour causes, ou pour occasions, des succès remportés ou à remporter, par les Juifs bourgeois, à l'aide des partis bourgeois.

82. Au contraire, le sionisme russe a pour cause les pogromes inaugurés en 1881. Cette année-là paraît en russe un livre du Dʳ Pinsker, intitulé : *Auto-émancipation*, ce qui veut dire émancipation du prolétariat juif par les prolétaires juifs. Ce livre détermine un mouvement d'émigration en Russie ; il détermine aussi un mouvement de générosité chez les riches capitalistes juifs d'Occident qui, comme le baron de Rothschild et le baron de Hirsch en 1892, offrent des sommes considérables pour établir des colonies juives. Le sionisme, une fois pourvu des effectifs russes et des finances capitalistes, eut un chef et un théoricien, le Dʳ Théodore Herzl qui, en 1896, publia le manifeste et le système sionistes. Les sionistes ont des congrès annuels, un comité d'action, une banque, qui opèrent auprès des puissances et des partis. Mais dans l'intérieur du monde juif, ce sont les sociétés de Juifs russes qui font le plus de propagande. Voici comment le comité d'action sioniste, dans un de ses derniers rapports, apprécie leur rôle :

Naturellement, c'est la Russie qui tient la tête du mouvement sioniste. Les chiffres que nous avons sous les yeux et qui ne se rapportent qu'à l'année courante (1903) nous montrent l'augmentation de notre mouvement dans ce pays. Au commencement de cette année, il y avait là-bas 1.146 sociétés ; il y en a, en ce moment, 1.572. L'augmentation est de 426 sociétés, soit 37 0/0 environ. Ce taux d'augmentation atteint dans certains rayons un chiffre bien plus élevé. Ainsi dans le rayon de Vitebsk, il atteint 61 0/0...

Comme témoins vivants de l'extension du sionisme en Russie, nous pouvons voir à ce congrès des délégués de Sibérie, de Tachkent et des montagnards juifs du Caucase...

Les nombres des schekels (contribution annuelle de 1 franc) rentrés, des actions vendues et des dons reçus pour le Fonds national sont en rapport avec l'augmentation, en Russie, des sionistes organisés et actifs. Les timbres du Fonds national, qui constituent un impôt librement consenti, sont employés à toutes les occasions...

En ce qui concerne la vie intérieure des groupes, celle-ci est agitée et intense. Comme preuve de l'activité sioniste en Russie, nous pouvons noter que le siège central russe a reçu dans le courant de l'année dernière 14.250 lettres et en a expédié 17.037. A côté de la propagande orale, il a été distribué un grand nombre de brochures et appels s'élevant à 180.000 ; pour le rayon d'Elisabethgrad seul, ce nombre a été de 83.000.

83. Les sionistes russes sont groupés en associations qui ont un caractère exclusivement ouvrier. Les plus importantes et les plus avancées s'appellent les *Poalé Zion* ou les ouvriers de Sion. Ils ne craignent pas de recommander la résistance, témoin cet appel répandu peu après Kichineff

Assez de s'incliner devant chaque fonctionnaire... Les temps sont passés où les Juifs se laissaient opprimer sans opposer la moindre résistance. L'heure est venue de répondre à la violence par la force, en combattant nos ennemis les armes à la main. Et quand on lâche sur vous des brutes sanguinaires, nous vous disons : Armez-vous et descendez dans la rue. Votre dignité d'hommes et de Juifs l'exige...

Nous ne nous laisserons plus égorger ! Nous ne permettrons plus qu'on foule aux pieds notre honneur ! Nous avons trop compté sur les secours du dehors, sur les lois, sur les hommes éclairés, sur les gouvernements. Notre meilleur appui, c'est nous-mêmes...

Dans le long et difficile combat qu'il nous faudra soutenir pour le triomphe de l'idéal sioniste, le courage, l'audace et l'énergie sont nécessaires. Que la résistance aux sauvageries antisémites et la défense de notre honneur en soit la première manifestation.

84. Il convient de rappeler que l'organisateur des massacres de Kichineff, le nommé Kruchevan, a péri par la main du sioniste Dachevsky.

85. A cette occasion, le gouvernement russe a organisé une persécution spéciale contre les sionistes, témoin le document confidentiel suivant, rédigé par les soins de M. de Plehwe, et divulgué par l'*Européen* le 10 octobre 1903.

M. le Ministre de l'Intérieur, par sa relation du 27 juin de cette année n° 6142, me fit savoir qu'il résulte des renseignements recueillis au département de la Police, sur les sociétés dites sionistes, que ces dernières s'étaient donné comme but principal l'encouragement à l'émigration des Juifs en Palestine pour y créer un Etat juif indépendant ; actuellement, ils ont reculé la réalisation de cette pensée dans le domaine d'un avenir lointain et dirigent leur activité vers le développement et l'affermissement de l'idée juive nationale, prêchant l'union des Juifs en organisations fermées dans les lieux de leurs résidences. Cette tendance étant hostile à l'assimilation des Juifs avec d'autres peuples, accentuant entre les premiers et les derniers la discorde, est en opposition avec les principes de l'idée de l'Etat russe, et ne peut pas être par conséquent tolérée. Trouvant cependant urgent, jusqu'à la résolution de cette question, mise à l'ordre du jour, de prendre des mesures pour prévenir et arrêter l'affirmation des principes des organisations sionistes et le développement du mouvement sioniste dans la direction nuisible, Son Excellence exprima les indications suivantes :

1) La propagande de l'idée du sionisme dans les lieux publics et meetings doit être interdite. Dans ce but, il y a lieu d'empêcher l'action des agitateurs sionistes spéciaux, dits « Magids », qui vont par les villes et les bourgs et prononcent dans la synagogue et aux réunions publiques des discours pour attirer les auditeurs, surtout du bas peuple, dans les rangs des partisans du mouvement sioniste.

2) Il faut aussi interdire, en tant que leur action se manifestera publiquement, en réunions, meetings, etc., les organisations sionistes déjà existantes étendues en réseau sur toute la Russie, y compris la Sibérie, les gouvernements de la Pologne, le Caucase et les possessions russes de l'Asie Centrale

3) Les congrès — pour n'importe quels buts — des représentants et des

membres des organisations sionistes (des régions en lesquelles toute la Russie est divisée par les sionistes des cercles et des différents groupements locaux et électoraux) ne doivent pas être autorisés.

4) Toutes sortes de quêtes défendues par le gouvernement pour les besoins sionistes, la circulation dans le public des actions et des certificats temporaires de la Banque coloniale juive de Londres, dont l'entrée dans l'Empire est interdite (n° 92, part I, *Recueil des lois et ordonnances du gouvernement, 1902*), ainsi que les quêtes pour le « Fonds national juif » créé aussi à Londres, lesquelles se font dans certaines villes par des visites à toute la population juive, doivent cesser immédiatement au reçu des renseignements sur ces quêtes. Les personnes qui se trouvent à la tête de telles organisations sionistes doivent être astreintes par des engagements signés de renoncer à diriger le mouvement et de cesser toute quête d'argent. Les sommes qui se trouvent à leur disposition comme ayant été reçues par voie de quêtes non autorisées par le gouvernement doivent être employées pour les institutions juives de bienfaisance (par exemple, pour celle qui existe à Odessa, d'assistance aux agriculteurs et artisans juifs en Syrie et en Palestine) Les actions et les certificats temporaires de la Banque coloniale juive, ainsi que les reçus des payements au Fonds National juif doivent être confisqués (!) et les personnes qui distribuent ces papiers doivent être astreintes, par des engagements écrits, à renoncer à cette activité. Cette dernière paraît d'autant plus nuisible que les payeurs des caisses sionistes sont principalement des individus des classes pauvres juives.

5) Il y a lieu aussi de surveiller la création par les sionistes des écoles nouvelles, ainsi que de celles qui existent (*kheders*), des bibliothèques, des écoles de samedi pour adultes étudiant l'hébreu, des conférences publiques sur l'histoire du judaïsme et des institutions pareilles. — Les écoles juives, autorisées par le gouvernement pour satisfaire les besoins confessionnels de la population juive de l'empire, ne doivent pas être sous la direction des sionistes actifs, ni avoir le caractère d'institutions destinées au développement du particularisme des Juifs russes.

6) Lorsque des candidats, aux postes électifs dans les communautés juives, sont présentés à l'approbation des organes du ministère de l'Intérieur, surtout au poste de rabbin, il y a lieu d'adjoindre les renseignements recueillis sur place sur le degré de participation du candidat présenté au mouvement sioniste.

Je vous en informe pour votre gouverne, et pour exécution exacte, et je vous prescris de me relater immédiatement l'ordre donné, ainsi que de me communiquer sans retard les renseignements sur les cercles sionistes existants à —...

86. Mais l'appel suivant, publié en août 1905 par le Parti ouvrier sioniste socialiste, prouve que malgré les persécutions et grâce au mouvement révolutionnaire, les sionistes prennent une attitude de plus en plus énergique.

... Le despotisme russe, qui pèse si lourdement sur l'humanité, touche à son agonie. Encore un héroïque effort de la révolution et le tsarisme et ses ténébreux soutiens vont tomber en ruines, anéantis pour toujours. Le monde civilisé entier attend avec anxiété le jour proche, jour mémorable, où disparaîtra de l'humanité le despotisme honteux...

... Le prolétariat et le parti des intellectuels juifs sont depuis des années à la tête de la lutte héroïque menée contre le despotisme sanguinaire.

Tombé à terre et se débattant dans les affres de la mort, le tsarisme voit, non sans raison, dans la masse révolutionnaire juive, les soldats de la liberté et de la civilisation, et il s'évertue à les anéantir et à les examiner par des « pogromes ».

La guerre est déclarée, une guerre terrible et inégale, entre le tsarisme et les révolutionnaires juifs. Au moment même où le tsarisme a donné le signal des « pogromes », la masse juive a, elle, organisé sa *self-defense*. La défense armée contre les « bandes noires » du tsarisme, la lutte à outrance contre le régime despotique, voilà le mot d'ordre du prolétariat juif. Le parti ouvrier sioniste est à la tête de ce mouvement. L'organisation du parti ouvrier sioniste a enrôlé sous son étendard des milliers d'ouvriers, elle a armé ses membres et les a préparés à la défense. Elle se tient constamment en haleine, prête à toute sles surprises des « bandes noires ».

Depuis sa première manifestation, lors des « pogromes » de Homel, l'organisation a fait merveille. A Jitomir, c'est grâce à elle qu'une véritable nuit de la Saint-Barthélemy a été épargnée à la population juive. A Odessa, elle a réussi à empêcher, jusqu'à présent, un massacre général des Juifs, et si des « pogromes » n'éclatent pas partout en Russie, c'est, à l'organisation de *self-defense* qu'on en est redevable. Elle tient en respect la police même et, certes, elle présente, à l'heure actuelle, la plus haute personnification politique des 6.000.000 de Juifs de Russie...

... L'organisation n'est pas seulement prête à la défense, elle sait prévenir les attaques et les empêcher ; elle sait au besoin mettre dans un état hors de nuire les meneurs avérés et les organisateurs des « pogromes ». Puissent-ils trembler, ces acolytes du tsarisme et de l'antisémitisme, devant notre organisation !

Le parti ouvrier sioniste socialiste, qui est à la tête de la *self-defense* et qui a su maintes fois briser les émeutes antijuives, fait appel aux Juifs de tous les pays, de toutes les classes, de tous les partis, et leur demande d'aider l'organisation de la *self-defense* en lui procurant des armes et des moyens. La lutte nécessite des hommes et de l'argent. Que ceux qui n'ont pas à risquer leur personne pour la vie et l'honneur du peuple juif, fassent au moins un sacrifice d'argent en faveur des héroïques combattants. Ces derniers ont besoin d'armes ; les blessés et ceux qui sont jetés en prison doivent être secourus, leurs familles doivent être également soutenues. Que chaque Juif fasse son devoir : qu'il se rappelle que les deux tiers de notre peuple vivent sous la continuelle angoisse de la mort, et qu'ils n'ont d'espoir que dans l'organisation de la *self-defense* menée par le prolétariat révolutionnaire juif !

Vive l'organisation de la *self-defense* ! Vive la Révolution ! Vive le socialisme international ! Vive le sionisme socialiste !

LE COMITÉ DU CONGRÈS
DU PARTI OUVRIER SIONISTE SOCIALISTE.

XV. La Révolution et les revendications.

87. Les Juifs n'ont pas pris part au mouvement révolutionnaire qui se développe depuis la guerre russo-japonaise, sous la forme de vœux formulés par des assemblées légales, comme ont fait les Russes indigènes : car les Juifs n'ont même pas d'assemblées communales, ou de zemstvos ; ils n'ont aucun moyen légal de se faire entendre. Ils ont néanmoins formulé leurs revendications.

88. La pétition suivante avait déjà recueilli parmi eux, à la fin de mars 1905, plus de 10.000 signatures.

Au moment où en Russie tant de questions vitales réclament impérieusement leur solution, la question juive vient aussi pour la première fois depuis de longues années à l'ordre du jour des travaux législatifs. Il est vrai que la question juive ne fut jamais reléguée dans le domaine de l'oubli et fut parfois même mise en première ligne ; il en résultait pour les Israélites une recrudescence d'oppression, des tracasseries administratives et des restrictions de droits. On se servait des Juifs comme d'un paratonnerre contre les passions du peuple, on détournait contre eux le courant du mécontentement populaire, résultant du désarroi général. On interdisait aux Israélites l'accès des écoles, on les écartait des fonctions d'Etat et des services publics, on limitait leurs droits quant au choix des professions et à la résidence ; l'immense majorité juive fut enfermée dans des villes et bourgs surpeuplés de la zone de résidence et y succombait à la famine et aux maladies. Ce qui serait considéré comme une violation des droits personnels ou patrimoniaux, s'il s'agissait de non-Juifs, a été pour nous la règle normale.

Donc, sur le terrain économique, la masse juive fut réduite à la misère, et l'existence des classes privilégiées rendue très précaire ; au point de vue moral, les Israélites subissaient tous les opprobres : on essayait de les ravaler au rang des parias sous le poids de la misère. Le Juif ne peut respirer librement même un instant, son cœur est ulcéré par la haine et la souffrance. Il ne vit plus, il végète.

Et voilà que maintenant on se propose de reviser l'arbitraire réglementaire qui pèse sur nous et de le modifier dans certaines limites.

Nous ne pouvons pas préjuger des résultats de cette revision, mais nous ne pouvons pas compter sur la satisfaction de nos revendications sans que le régime actuel change. Toutefois, au moment où toutes les revendications publiques s'expriment hautement, nous croyons de notre devoir de dire sans ambages ce que nous pensons de notre situation, et de formuler nos vœux et nos revendications

Nous déclarons que nous considérons comme infructueuse toute tentative faite pour donner satisfaction à la population juive de Russie par des améliorations partielles. Nous réclamons l'égalité des droits. Et nous la réclamons non parce que les Juifs devenus égaux en droits avec les autres peuples de la Russie seraient plus utiles au pays, ou qu'ils contribueraient au bien-être de qui que ce soit ; non pas, non plus, parce que nos frères versent leur sang sur les champs de la Mandchourie, comme ils l'ont versé dans les guerres précédentes, ou que nous pouvons fournir les preuves historiques de notre séjour plusieurs fois séculaire sur les territoires faisant partie actuellement de l'Empire russe Nous réclamons l'égalité des droits et des traitements, comme des hommes, en qui, malgré toutes les avanies, survit le sentiment de la dignité humaine, comme des citoyens conscients d'une société moderne.

Nous exigeons l'abolition des lois d'exception qui pèsent sur nous au nom de la dignité humaine, au nom de la civilisation. Et nous déclarons que nous considérons comme stérile toute politique qui se proposerait l'abolition graduelle des lois restrictives, Nous ne connaissons pas un droit de prescription à la persécution; c'est pourquoi nous pensons qu'une longue période de persécutions n'autorise pas une libération graduelle.

Ce que nous désirons ne représente pas un ensemble d'immunités et ne saurait être débité par portions. Il ne s'agit pas de l'allègement de notre existence, un allègement qui serait plus ou moins sensible, mais bien de l'égalité, et l'égalité n'est pas susceptible d'être divisée. Nous attendons les mêmes droits que le peuple russe et tous les autres peuples habitant ce pays, et alors nous organiserons notre existence en travaillant de toutes nos forces au bien du pays et de l'humanité.

Et nous attendons l'égalité de droits non comme une aumône ou un acte de générosité, pas même comme un acte de bonne politique, mais comme un acte de justice et une réparation d'honneur.

89. Le parti démocratique juif a publié, en avril, un appel qui contient l'exposé suivant :

A l'heure actuelle, au moment où l'empire russe est à la veille d'une transformation complète, où l'ancien régime sombre, où l'ordre nouveau se dessine à peine dans le chaos d'aspirations contradictoires, le peuple juif ne peut compter sur un meilleur avenir que s'il veille personnellement à ses intérêts, que s'il sait former une unité forte, et que si, uni amicalement à d'autres couches de la population, il affronte la lutte contre l'ennemi commun.

Sous la pression des circonstances, l'autocratie peut faire de petites concessions, elle peut adoucir certaines lois organiques d'importance secondaire, mais elle ne saurait renoncer à la politique de persécution qui fait partie intégrante de son existence.

Que les éléments timides de la société juive demandent humblement miséricorde à ce gouvernement! Tous ceux qui n'ont pas encore complètement perdu la conscience de leur dignité doivent entrer en lutte ouverte contre lui.

Sans donner des détails plus complets sur des points particuliers de notre programme nous posons comme revendications essentielles :

1° Égalité civile ;

2° Liberté individuelle avec toutes ses garanties ;

3° Régime démocratique d'une représentation populaire, sur la base d'un suffrage universel, égal et secret, avec responsabilité du pouvoir exécutif devant cette représentation ;

4° Le droit de s'affirmer en tant que groupe autonome au point de vue intellectuel et national.

Nous travaillerons la main dans la main avec les partis pour le triomphe de ces revendications en général, et en particulier de leur réalisation dans et pour la masse juive.

Organisez-vous donc, et préparez-vous à la lutte, au nom des principes de liberté et d'égalité chers à toute l'humanité, pour la défense des droits et de l'honneur du peuple juif.

90. En juin s'est fondée à Saint-Pétersbourg une Union pour l'émancipation du peuple juif de Russie, qui a envoyé dans toutes les villes du territoire la lettre suivante :

Monsieur,

D'après des renseignements qui nous sont parvenus de source certaine, le projet relatif à la convocation des représentants du peuple soumis à l'examen du Comité des ministres, écarte la population israélite de toute participation à l'Assemblée constituante. Comme motif de cette exclusion, le projet invoque le fait que les lois restrictives concernant les Israélites ne sont pas encore abrogées. Et, bien que le projet ministériel ait pour base le règlement des zemstvos de 1864, lequel ne contient aucune restriction à l'égard des Juifs, une dérogation, la seule, est faite au règlement de 1864 au détriment des Juifs, et les prive non seulement du droit d'éligibilité, mais aussi du droit d'être électeurs.

A peine est-il besoin d'ajouter que le projet devenu loi aura ravalé définitivement les Israélites au rang des parias, et porté une grave atteinte aux intérêts moraux et matériels des Juifs russes.

C'est pourquoi, après un examen approfondi de la situation faite aux Juifs par le projet, nous avons décidé d'y aviser par tous les moyens. Mais, d'autre part, il serait désirable que dès à présent l'opinion juive se prononçât sur le projet gouvernemental par des déclarations collectives, par des ordres du jour votés dans des réunions publiques, par des dépêches envoyées aux journaux de la capitale, etc.

Vu la *gravité exceptionnelle* de l'affaire, nous vous prions d'organiser sans tarder des réunions et des délibérations et d'exprimer, dans des résolutions et ordres du jour, les sentiments de la société juive envers le projet du Comité des ministres.

Nous attendons avec impatience votre réponse et la communication des résolutions et ordres du jour.

> *Le bureau de l'Union pour l'émancipation*
> *du peuple juif de Russie.*

91. Enfin à la fin de juillet le Bund a lancé la proclamation suivante, qui se distingue en ce qu'elle ne fait pas allusion à la condition spéciale des Juifs, mais ne manifeste plus que le souci de la révolution russe, d'où résultera naturellement, sans doute, l'égalité des Juifs et des chrétiens :

UNE COMSTITUTION POUR LES BOURGEOIS. — LA DICTATURE POUR LE PEUPLE.

Après le 19 juin, la presse libérale annonça solennellement au monde civilisé que la Russie venait d'entrer dans une « phase nouvelle de son histoire ».

Le 19 juin, le tsar avait reçu la délégation des « représentants des zemstvos et des villes » qui venaient lui quémander une Constitution. Il avait accueilli les délégués « avec bienveillance » et, après s'être entretenu avec eux « cordialement », avait promis de convoquer sans retard une représentation nationale.

Ce fut alors une explosion de joie dans le camp libéral, cependant qu'à Lodz et à Odessa les soldats du tsar fusillaient les ouvriers.

Pendant que les capitalistes et les propriétaires supputent d'avance le nombre de sièges et de voix à conquérir dans la future Assemblée, à Lodz et à Odessa les ouvriers construisent des barricades et tombent par centaines sous une pluie de balles fratricides.

Pendant qu'au ministère on travaille fiévreusement à l'élaboration d'un « projet de représentation du peuple » d'où le peuple serait banni, l'état de siège est proclamé à Lodz, à Odessa, à Sébastopol, à Nikolaïev et au Caucase, où les juges militaires, bourreaux bénévoles, érigent des potences pour les ouvriers.

... Au début, pour donner le change, l'autocratie soutenait que le peuple était content et que les révoltes ouvrières n'étaient fomentées que par une « bande d'agitateurs », de faux libéraux et de Juifs. Elle caressait l'espoir d'amadouer les ouvriers avec des promesses et des concessions insignifiantes, de les ameuter contre les révolutionnaires et les allogènes, et de terrasser ainsi la Révolution. Tel fut le sens de la comédie tsarienne avec les commissions Chidlovski, Kokovtsef et autres. Mais le coup ne réussit pas !

La Revolution, gagnant de jour en jour du terrain, eut vite fait de dévoiler le jeu de l'autocratie, et celle-ci se trouva face à face avec le prolétariat révolté.

L'autocratie se vit opposer une force qu'elle ne pouvait plus apaiser avec des sourires doucereux, avec de bonnes paroles et de misérables concessions. Elle se heurta à des masses conscientes d'ouvriers prêtes à sacrifier leur vie pour la cause de la Liberté.

En janvier encore, les ouvriers se laissaient abattre comme des moutons. Mais maintenant, à Lodz et à Odessa, les travailleurs élevaient des barricades, où ils opposaient une résistance acharnée et mouraient en *luttant*. Sans doute, les ouvriers disposaient de trop peu d'armes, la lutte était trop inégale et ils eurent le dessous, mais ils n'en montrèrent pas moins le véritable chemin au prolétariat de toute la Russie.

L'autocratie voit le danger et cherche une voie de salut. Ayant échoué dans ses tentatives transactionnelles avec les ouvriers, elle se met maintenant à flirter avec les « libéraux ».

La bourgeoisie est assoiffée « d'ordre ». L'industrie et le commerce, déjà fortement compromis par suite de la guerre menacent de sombrer irrémédiablement. L'état de siège se répercute douloureusement sur la bourse de la bourgeoisie. Les actes révolutionnaires du prolétariat, les émeutes agraires embrasent le pays tout entier, semant la terreur dans les classes possédantes, qui tremblent maintenant pour leur existence même.

Et l'autocratie promet à la bourgeoisie de réprimer « l'anarchie » et de donner une constitution. Elle va même jusqu'à accorder à la bourgeoisie juive des droits électoraux. Avec ces promesses qui lui coûtent si peu, l'autocratie veut dresser la bourgeoisie, lasse d'attendre l'avènement d'un « régime d'ordre et de légalité » contre le prolétariat, « ce brouillon inquiet qui, par ses agissements révolutionnaires et ses revendications excessives, ne fait qu'entraver le cours normal des réformes ». Et, après avoir créé un antagonisme entre « l'opposition libérale » et le prolétariat révolutionnaire qu'elle s'efforce d'exténuer par d'abondantes saignées, l'autocratie n'a pas trop de peine à « s'arranger » avec sa nouvelle alliée...

... Et l'autocratie sévit férocement contre les ouvriers et cherche à étouffer le mouvement révolutionnaire dans le germe. Car elle sait bien qu'il suffit que les ouvriers révolutionnaires triomphent sur un point quelconque pour que le mouvement se répande dans le pays tout entier...

... Le but de l'autocratie est de tenir le pays dans une perpétuelle terreur. C'est pour cela qu'elle mobilise tant de régiments, c'est pour cela qu'elle organise des pogromes et remplit les prisons, et c'est pour cela encore qu'elle livre au bourreau des ouvriers mineurs. Et en même temps elle se décide à introduire ses fameuses « réformes », cette *Gossoudarstvennaïa Douma*, qui n'est qu'une misérable parodie d'une représentation nationale.

Mais la révolution, de plus en plus menaçante, est en marche, et rien ne saurait l'arrêter.

A Lodz et à Odessa, les barricades n'ont pas tenu longtemps, mais elles *ont été*. A Lodz, la résistance armée a été brisée par l'armée, mais c'était déjà une *résistance armée*. Guidé par ses organisations socialistes, le prolétariat, non seulement sait mourir héroïquement, mais, ce qui plus est, apprend à lutter avec héroïsme.

Et plus la lutte sera chaude, plus éclatante sera la victoire... Ayant déjà tant souffert pour la cause de la liberté, le prolétariat ne s'arrêtera plus sur le chemin de la Révolution...

Pétersbourg, Varsovie, Lodz, Odessa... Le flot révolutionnaire monte sans cesse et irrésistiblement... Prolétaires, tenez-vous prêts !...

Signé : Le Comité Central du Bund.

92. Le manifeste suivant lancé par le Comité central du *Bund*, en février, au lendemain des massacres de Saint-Pétersbourg, résume très bien les revendications juives, en ce qu'elles présentent l'émancipation des Juifs comme une simple conséquence de la Révolution russe :

Nous réclamons :

1° La convocation d'une assemblée de représentants du peuple, élus par tout le pays — hommes et femmes, sans distinction de nationalité ou de religion, sur la base du suffrage universel, secret et égal ;

2° L'abolition de la monarchie et la proclamation d'une république démocratique, où les lois seraient votées et les fonctionnaires nommés par le peuple ;

3° La journée de travail de huit heures ;

4° L'inviolabilité de la personne et du domicile ;

5° La liberté de conscience, de parole, de réunion, d'association, de grève et la liberté de la presse ;

6° L'égalité des droits civils et politiques pour toutes les nationalités habitant la Russie ; le droit de développement intellectuel propre à chacune de ces nationalités : droit à l'instruction dans la langue nationale et droit de la parler dans les administrations et tribunaux ;

7° La mise en liberté de tous les détenus politiques ;

8° Cessation immédiate de la guerre ; abolition du militarisme et institution des milices nationales.

XVI. Conséquences nationales et internationales de l'antisémitisme russe.

93. Après avoir montré les excès de l'antisémitisme officiel en Russie, et les efforts des Juifs pour y résister, il faut en indiquer les conséquences nationales et internationales.

94. On comprendra sans peine que la persécution permanente contribue à démoraliser les Russes. Les fonctionnaires prennent l'habitude de piller, de massacrer, de toucher des pots-de-vin, de rendre des jugements volontairement injustes. Le peuple russe prend l'habitude de voir souffrir une autre partie du peuple, de s'en réjouir ; et ainsi une nation naturellement douce prend des mœurs barbares, des mœurs qui la rendent plus semblable à l'Asie qu'elle prétend civiliser, qu'à l'Europe dont elle prétend représenter la civilisation.

95. En outre, l'antisémitisme, loin d'enrichir les Russes, contribue à les appauvrir. Les Russes de la campagne, des petites villes, des régions reculées, n'ont pas encore les habitudes d'initiative, de méthode, qui permettent de faire le commerce. Ils ne savent pas trafiquer eux-mêmes de leurs produits. Ils ont besoin d'intermédiaires. Si on leur ôte les Juifs, ils ne savent plus guère comment écouler leurs produits ; ils produisent moins ; ils s'appauvrissent. C'est pourquoi, de 1865 à 1896, la ville de Nikolaïef réclame sans cesse des bourgeois juifs, et elle en donne les raisons : les Juifs feront baisser les prix des denrées, par la concurrence ; et ils créeront des entreprises qui occuperont la classe pauvre. Les journaux russes publient souvent des requêtes de communes rurales, qui réclament des Juifs pour assurer des débouchés aux produits de la terre.

Dans un livre sur les *Conséquences de l'antisémitisme en Russie*, le Russe N. Chmerkine explique que si la famine sévit en permanence dans ce pays qui produit trois fois plus de blé qu'il n'en consomme, c'est par manque d'agents commerciaux capables de répartir la récolte suivant les besoins.

96 Quant aux conséquences internationales, on en aperçoit au moins deux.

D'abord, par l'antisémitisme, la Russie se prive des concours financiers qu'elle obtiendrait si au lieu de combattre les Juifs elle favorisait leur expansion. La France doit une partie de son prestige dans le monde à la protection qu'elle accorde, qu'elle impose même, aux chrétiens d'Orient. Pourquoi un peuple ne se ferait-il pas le protecteur des Juifs, depuis que les Juifs essayent de reconstituer leur nationalité, sinon leur ancien territoire ? Les Anglais, plus habiles, tâchent de s'annexer le sionisme, ils voudraient que les sionistes fissent dans l'Ouganda leur essai de colonisation nationale. Mais aucun Etat n'a plus de titres que la Russie au protectorat des Juifs, puisque aucun Etat ne contient plu de Juifs, surtout de Juifs agglomérés. On a dit que pendant les négociations pour la paix à Porstmouth, M. Witte avait reçu les banquiers juifs de New-York, lesquels lui avaient offert leur concours, à condition qu'on mît un terme à l'antisémitisme en Russie. Cette attitude est tout à fait vraisemblable. Et l'on imagine sans peine quel changement se produirait dans la condition internationale de la Russie, si au lieu de dépendre financièrement d'une seule bourse, de la Bourse française, elle dépendait d'une puissance capitaliste qui ne serait plus nationale, mais juive et donc par définition cosmopolite. Pour les partisans de l'alliance russe, ce changement paraîtrait sans doute déplorable ; il paraîtrait peut-être désirable aux petits prêteurs français qui se demandent maintenant, non sans cause, ce que représentent leurs titres russes.

97. En deuxième lieu, l'oppression des Juifs en Russie contribue à entretenir un peut partout l'esprit nationaliste et la politique de contrainte. Si les Juifs établis dans les pays civilisés ne s'accroissent pas sans cesse par des immigrants chassés de Russie, ils finiront par se confondre avec la population indigène, par s'assimiler. Mais l'affluence constante et croissante des Juifs venus de Russie, fanatisés par l'oppression qu'ils y ont subie, favorise partout le maintien du particularisme juif, entretient par suite le seul prétexte qui nourrisse l'antisémitisme, et sert à détourner sur les Juifs le mécontentement de tous les peuples. Si les peuples n'avaient pas partout à leur portée des Juifs qu'ils peuvent molester et persécuter presque impunément, au lieu de se mettre en colère contre ces Juifs à tout propos et hors de propos ils se fâcheraient plus souvent contre leurs propres gouvernements. Et nous devons détester l'antisémitisme russe pour si peu qu'il contribue à détourner sur nos Juifs les coups que méritent nos gouvernants.

98. En ce moment (novembre 1905), le gouvernement russe tolère, et peut-être encourage, à Rostow, à Kiew, à Nikolaïew, à Odessa surtout, des massacres de Juifs plus épouvantables qu'à Kichineff. Les Juifs, que les réactionnaires de tous les pays détestent comme le ferment de toutes les révolutions, révolutions religieuses (Jésus-Christ) ou révolutions sociales (Marx), expient en Russie le crime d'avoir travaillé plus que les Russes eux mêmes à l'agitation qui a mis le Tsar dans la nécessité d'accorder une Constitution. En même temps apparaît, à Paris, une affiche ignoble contre la « race maudite », et le gouvernement français interdit un meeting du Bund, alors que le Bund se réunit partout en Russie. Ainsi les réactionnaires de France manifestent leur solidarité avec les réactionnaires de Russie. Les intellectuels de France se préparent donc à manifester leur solidarité avec les intellectuels et les Juifs, que les bandes noires confondent en Russie dans le même massacre, comme des complices.

TABLE DES MATIÈRES

Imp. L. Pochy, 117, rue Vieille-du-Temple, Paris.